MELODY POPS
CHUPA Chups
CHUPA Chups
CHUPA Chups
LOLLIPOP MACHINE!!
The Original
LOLLIPOP
FIFTY FIVE FABULOUS FLAVOURS
CHUPA Chups
CHUPA Chups 1 pta.
CHUPA Chups
AMAZING FLAVOUR!

Depuis sa création en Espagne en 1958, Chupa Chups® a conquis les papilles et le cœur de millions de personnes à travers le monde. Son logo légendaire en forme de marguerite fut dessiné par Salvador Dalí à la fin des années soixante.

Aujourd'hui, Chupa Chups® est la sucette la plus consommée au monde. Chaque année, des milliards de Chupa Chups® font le plaisir des petits et des grands dans 150 pays. Cette sucette de qualité offre une grande variété de saveurs et se reconnaît grâce à ses papillotes colorées si caractéristiques.

Chupa Chups® est la friandise idéale pour rendre la vie plus amusante !

Le petit livre

CHUPA CHUPS®

KEDA BLACK
Photographies de Frédéric Lucano

MARABOUT

REMERCIEMENTS

Merci à Élise pour son suivi amical & efficace !

Stylisme : Élodie Rambaud
Suivi éditorial : Marie-Ève Lebreton
Relecture : Véronique Dussidour
Mise en pages : Gérard Lamarche

ISBN : 978-2-501-08620-2
4318945/02
Dépôt légal : avril 2013
Achevé d'imprimer en mai 2013
sur les presses d'Impresia-Cayfosa en Espagne

SOMMAIRE

DOUCEURS

GOURMANDISES À PÂTISSER

GÂTEAUX DE FÊTE

MOCKTAILS

KIT PRÉPARATIONS DE BASE

INFUSION

Il s'agit de parfumer un liquide avec la sucette qui lui donne son goût. S'il est chaud, elle fond vite, s'il est froid, elle fond aussi, mais lentement… On peut donc parfumer du lait, de la crème, du lait fermenté, de l'eau plate ou gazeuse, un jus, etc. simplement en y mettant une ou plusieurs sucettes. Reste à enlever le bâtonnet. Attention, le goût des sucettes n'est pas si fort, donc cela marche mieux avec des liquides au goût pas trop marqué. Ensuite, on peut l'utiliser pour réaliser une préparation (par exemple, pour une crème).

ÉCLATS & POUDRE

Pour détacher la sucette du bâton, utiliser un marteau. Mettre la sucette dans un sachet pour éviter que les éclats ne partent dans tous les sens. Si les éclats sont destinés à être croqués, sur ou dans un dessert, ils doivent être assez fins pour ne pas se faire mal aux dents ! Pour obtenir une poudre, mixer au robot. Elle peut être incorporée dans une pâte à gâteau, une crème ou une mousse… Attention, cette poudre s'agglomère très vite en paquets, surtout si on la touche avec les doigts. Pour la saupoudrer, utiliser une passoire fine, et ne pas hésiter à la remixer si elle s'est solidifiée.

SIROP & CARAMEL

Dans une casserole, faire fondre les sucettes écrasées en éclats dans un fond d'eau et laisser cuire jusqu'au stade souhaité : un sirop épais qui sert de nappage ou, si on poursuit la cuisson, un vrai caramel. Les sucettes aux fruits donnent un sirop assez nappant car elles contiennent de la pectine. Il est intéressant à utiliser en nappage de gâteau, de tarte ou d'un dessert tout simple et nature, ou au fond d'un moule pour une crème parfumée… Si le nappage ou le caramel est devenu figé ou trop dur, le remettre à chauffer tout doucement avec un peu d'eau. Attention en revanche à ne pas « doubler » le parfum sucette, par exemple une crème caramel avec sucette caramel et lait infusé risque d'être écœurante !

KIT TOUILLETTES POUR LES ENFANTS

POUR 1 PERSONNE

LAIT-FRAISE

1 verre de lait, 1 Chupa Chups® goût lait fraise

Verser le lait chaud ou froid dans un verre puis touiller avec la sucette. Si le lait est froid, attendre un peu que la sucette se dissolve dans le lait. Pour un goût moins sucré, utiliser une mini sucette goût fraise : le lait + la touillette + une petite tartine = un goûter très raisonnable !

LAIT FERMENTÉ MENTHE-POMME

1 verre de lait ribot ou de lait fermenté, 1 Chupa Chups® goût pomme verte, eau de fleur d'oranger, sirop de menthe, feuilles de menthe (facultatif)

Verser le lait ribot dans un verre.
Le parfumer avec un peu d'eau de fleur d'oranger et de sirop de menthe. Touiller avec la sucette. Pour un goût menthe plus prononcé, mixer le lait avec quelques feuilles de menthe avant de le préparer.

CHOCORANGE

1 verre de lait, cacao en poudre (sucré ou non), 1 pincée de cannelle, 1 Chupa Chups® goût orange

Préparer un chocolat chaud. Ajouter la cannelle puis touiller avec la sucette.

Astuce : varier les goûts de sucette et les customisations du lait, lait fermenté ou chocolaté !

KIT TOUILLETTES POUR LES GRANDS

POUR 1 PERSONNE

AFFOGATO

1 expresso bien serré, 1 petite boule de glace vanille, 1 Chupa Chups® goût citron

Mettre la boule de glace dans l'expresso. Utiliser la sucette comme une touillette. Bien sûr, on peut aussi le faire sans la glace dans un café quotidien ! Pour une association plus classique, prendre 1 Chupa Chups® goût cacao vanille.

THÉ VERT À LA CERISE

1 tasse de thé vert, 1 Chupa Chups® goût cerise

Touiller le thé vert avec la sucette : plus sexy qu'à l'ordinaire !

THÉ GLACÉ

thé noir classique ou parfumé, quelques tranches d'agrumes, quelques feuilles de menthe, sucre en poudre, glaçons, 1 Chupa Chups® goût orange ou cola

Faire infuser le thé dans de l'eau froide pendant quelques heures. Ôter les sachets puis ajouter quelques tranches d'agrumes, quelques feuilles de menthe, un peu de sucre et quelques glaçons. Touiller avec la sucette.

Chupa Chups

KIT GLACES

Planter 1 sucette dans une coupe glacée :
double plaisir !

Glace vanille + crème de marrons + mini meringues + Chupa Chups® goût cerise

Glace mangue + morceaux d'ananas + Chupa Chups® goût framboise

Glace vanille + morceaux de sablés écrasés + Chupa Chups® goût caramel

Mille possibilités, à vous de jouer…

ÎLES FLOTTANTES

45 MIN DE PRÉPARATION – 30 MIN DE CUISSON – 15 À 30 MIN DE REPOS

POUR 4 PERSONNES

1 cuillerée à café de Maïzena®

40 cl de lait

1 demi-gousse de vanille

4 œufs

2 cuillerées à café de sucre en poudre

6 Chupa Chups® goût fraise

1- Délayer la Maïzena® dans 1 cuillerée à soupe de lait froid.

2- Dans une casserole, faire chauffer le lait restant avec la demi-gousse de vanille fendue en deux. Avant ébullition, mettre hors du feu, couvrir et laisser infuser 15 à 30 minutes.

3- Préchauffer le four à 140 °C.

4- Séparer les jaunes des blancs d'œufs. Battre les blancs en neige bien ferme. Verser les œufs en neige dans un moule à cake préalablement garni de papier sulfurisé.

5- Faire cuire les œufs en neige au bain-marie : placer le moule dans un grand plat allant au four puis verser de l'eau tout autour sur 2 cm de hauteur. Enfourner et laisser cuire 20 minutes. Démouler les blancs cuits.

6- Battre les jaunes d'œufs avec le sucre puis ajouter la Maïzena®. Verser le lait infusé, fouetter et laisser cuire à feu doux jusqu'à ce que la crème épaississe et nappe la cuillère. Verser dans un saladier, couvrir et laisser refroidir.

7- Émietter les sucettes. Réserver quelques miettes pour la décoration. Dans une casserole, faire chauffer le reste dans un peu d'eau jusqu'à obtenir un caramel blond. S'il durcit trop vite, ajouter un peu d'eau et remettre sur le feu.

8- Dans 4 bols, répartir la crème refroidie puis les blancs d'œufs cuits et napper du caramel en filet. Réserver au réfrigérateur jusqu'au moment de servir. Parsemer de miettes de sucettes.

MILK-SHAKE À LA FRAMBOISE

10 MIN DE PRÉPARATION

POUR 2 PERSONNES

25 cl de lait

10 cl de crème liquide

2 boules de glace à la framboise

4 Chupa Chups® goût lait fraise

quelques gouttes d'eau de rose (facultatif)

1- Fouetter la crème liquide très froide jusqu'à l'obtention d'une chantilly bien ferme.
2- Réduire 2 sucettes en poudre. Mixer les sucettes restantes avec la glace, le lait et l'eau de rose.
3- Verser le milk-shake dans 2 verres. Recouvrir de chantilly maison puis saupoudrer de poudre de sucettes.

Conseil : Ne pas hésiter à varier les parfums de glace (banane, fraise, vanille, mangue) et à ajouter des fruits frais au moment de mixer : fraises, framboises, bananes...

GLACES À L'EAU

20 MIN DE PRÉPARATION – 6 H DE CONGÉLATION

POUR 4 PERSONNES

15 Chupa Chups®
goût pastèque

le zeste et le jus
de 2 citrons verts

1- Réduire les sucettes en poudre.
2- Mélanger la poudre à 30 cl d'eau, au zeste et à un peu de jus des citrons verts selon le goût.
3- Verser le mélange dans une boîte en plastique rectangulaire pas trop profonde. Réserver 1 heure au congélateur puis remuer vigoureusement à l'aide d'une fourchette.
4- Verser dans des moules à bâtonnets glacés et réserver 5 heures au congélateur.

FONTAINEBLEAU

10 À 15 MIN DE PRÉPARATION

POUR 1 PERSONNE

1 petit-suisse

10 cl de crème liquide entière

2 Chupa Chups®

1- Réduire 1 sucette en poudre.

2- Fouetter la crème liquide bien froide jusqu'à l'obtention d'une chantilly bien ferme. Incorporer délicatement la sucette en poudre.

3- Dans un bol, mettre la chantilly puis ajouter le petit-suisse dessus. Planter la sucette dedans. Petite idée pour donner une petite touche fun au dessert de tous les jours !

SALADE D'AGRUMES

35 MIN DE PRÉPARATION – 10 MIN DE CUISSON – 1 H DE RÉFRIGÉRATION

POUR 4 PERSONNES

1 pamplemousse

4 oranges

4 mandarines

8 Chupa Chups® goût orange

1 petit morceau de gingembre confit

1- Peler à vif le pamplemousse et les oranges : retirer à la fois la peau extérieure et la peau blanche à l'intérieur pour révéler la chair des fruits. Détacher les segments à l'aide d'un petit couteau puis réserver dans un saladier.

2- Peler et couper les mandarines en quatre. Les ajouter aux autres agrumes.

3- Concasser la moitié des sucettes. Réserver 1 cuillerée à soupe d'éclats pour la décoration.

4- Dans une petite casserole, faire chauffer à feu doux les éclats avec un peu d'eau jusqu'à obtenir un sirop épais. Laisser refroidir légèrement puis le verser sur les fruits. Ajouter le gingembre confit, finement émincé, et remuer délicatement. Réserver 1 heure minimum au réfrigérateur.

5- Au moment de servir, répartir la salade d'agrumes dans 4 petits bols. Parsemer du restant d'éclats de sucette puis ajouter 1 sucette dans chacun.

POMMES AU FOUR

10 MIN DE PRÉPARATION – 30 MIN DE CUISSON

POUR 3 PERSONNES

3 pommes

1 cuillerée à café de sucre en poudre

15 g de beurre ou d'huile d'olive

3 Chupa Chups® goût fraise ou framboise

1- Laver les pommes puis ôter le cœur.

2- Préchauffer le four à 190 °C.

3- Dans un plat allant au four, disposer les pommes. Les saupoudrer de sucre puis répartir sur chacune d'elles le beurre coupé en petits morceaux. Enfourner et laisser cuire 30 minutes : les pommes doivent être bien mœlleuses et la peau doit commencer à se détacher de la chair.

4- À la sortie du four, planter 1 sucette dans chaque pomme. Réserver quelques minutes avant de déguster.

SUNDAE À LA FRAISE

15 MIN DE PRÉPARATION – 10 MIN DE CUISSON

POUR 4 PERSONNES

50 cl de glace à la fraise

**7 Chupa Chups®
goût citron ou orange**

1- Sortir la glace du congélateur et réserver.
2- Concasser 3 sucettes. Dans une petite casserole, faire chauffer à feu doux les éclats avec un peu d'eau jusqu'à obtenir un sirop épais mais liquide.
3- Mettre la glace ramollie dans une poche à douille cannelée.
4- Dans 4 petits bols, répartir la glace puis napper de sirop. Servir chaque glace accompagnée de 1 sucette.

Conseil : Ajouter des fruits frais et varier les parfums.

Chupa Chups
Chupa Chups

TRIFLE EXPRESS

30 MIN DE PRÉPARATION – 5 H DE REPOS

POUR 4 PERSONNES

10 Chupa Chups®
goût fraise ou framboise

2 Chupa Chups®
goût orange

2 œufs

250 g de mascarpone

1 dizaine de biscuits
à la cuiller

15 cl de jus d'orange

250 g de fraises
et/ou de framboises

1 cuillerée à soupe
de sucre en poudre

1- Concasser 4 sucettes goût fraise ou framboise et réserver. Réduire le reste des sucettes en poudre.
2- Séparer les blancs des jaunes d'œufs. Fouetter les jaunes avec les sucettes réduites en poudre. Ajouter le mascarpone et bien mélanger.
3- Monter les blancs d'œufs en neige puis les incorporer délicatement au mélange précédent.
4- Dans le fond de 4 verres, répartir les biscuits à la cuiller. Verser du jus d'orange sur les biscuits pour les imbiber.
5- Écraser les fruits à la fourchette puis ajouter le sucre. Répartir dans les verres et recouvrir de crème. Réserver au réfrigérateur. Au moment de servir, décorer d'éclats de sucette.

CHEESE-CAKE LAIT FRAISE

30 MIN DE PRÉPARATION – 35 MIN DE CUISSON – 1 H DE REPOS

POUR 5 PETITS CHEESE-CAKES

120 g de biscuits sablés

3 Chupa Chups® goût lait fraise

1 Chupa Chups® goût fraise

1 Chupa Chups® goût citron

50 g de beurre fondu

300 g de fromage frais à tartiner

60 g de sucre en poudre

2 œufs + 1 jaune d'œuf

1 cuillerée à soupe de farine

le jus et le zeste de ½ citron

60 g de crème fraîche

125 g de framboises fraîches

1- Préchauffer le four à 180 °C.

2- Émietter les biscuits sablés.

3- Concasser finement les sucettes goût lait fraise. Concasser grossièrement les sucettes goût fraise et citron.

4- Dans un saladier, mélanger les biscuits, le beurre fondu et les éclats de sucette goût lait fraise.

5- Sur la plaque du four préalablement garnie de papier sulfurisé, disposer 5 petits cercles à pâtisserie. Tasser le mélange aux biscuits dans le fond de chaque cercle. Enfourner et laisser cuire 5 minutes. Laisser refroidir puis réserver au réfrigérateur.

6- Dans un saladier, battre le fromage frais puis ajouter le sucre, les œufs, un par un, la farine, le jus et le zeste de citron et la crème fraîche. Verser sur chaque fond de biscuit.

7- Enfourner à 160 °C et laisser cuire 35 minutes environ : le cheese-cake doit être pris mais encore tremblotant au centre. Laisser refroidir dans le four puis réserver au réfrigérateur.

8- Mixer les framboises jusqu'à l'obtention d'un coulis.

9- Au moment de servir, napper de coulis et décorer d'éclats de sucette. Le cheese-cake est encore meilleur le lendemain ou le surlendemain.

MERINGUES

20 MIN DE PRÉPARATION – 4 À 5 H DE CUISSON

POUR 1 DIZAINE DE MERINGUES

6 Chupa Chups® goût pastèque

4 blancs d'œufs

75 g de sucre glace

75 g de sucre en poudre

1- Réduire les sucettes en éclats.

2- Préparer deux plaques de four en les couvrant de papier sulfurisé légèrement huilé.

3- Dans un bol, commencer par battre lentement les blancs d'œufs puis, quand ils commencent à bien monter en neige, battre plus rapidement. Ajouter les sucres en pluie et fouetter pour obtenir une neige très ferme, lisse et brillante.

4- Sur les plaques de four, déposer à la cuillère des petites meringues. Les saupoudrer d'éclats de sucette.

5- Enfourner à 90°-100 °C et laisser cuire 4 à 5 heures : les meringues doivent sécher plutôt que cuire, sans dorer.

CHARLOTTE AU COULIS DE CHUPA CHUPS®

30 MIN DE PRÉPARATION – 5 H DE RÉFRIGÉRATION

POUR 4 PERSONNES

1 trentaine de biscuits à la cuiller

6 feuilles de gélatine

20 cl de crème liquide entière

3 cuillerées à soupe de sucre en poudre

300 g de fromage blanc

10 cl de jus de pomme

12 Chupa Chups® goût pomme

1- Faire ramollir les feuilles de gélatine dans de l'eau froide pendant 10 minutes.

2- Pendant ce temps, battre la moitié de la crème liquide bien froide en chantilly. Ajouter le sucre et mélanger.

3- Dans une petite casserole, faire chauffer le reste de la crème liquide. Ajouter la gélatine essorée et remuer. Laisser refroidir 10 minutes puis incorporer la chantilly, tout en fouettant, et enfin le fromage blanc.

4- Chemiser un moule à charlotte humide de film alimentaire.

5- Tremper les biscuits dans le jus de pomme et les disposer au fond et contre les parois du moule. Verser la moitié de l'appareil, couvrir d'une couche de biscuits imbibés puis verser le reste de l'appareil. Terminer par une couche de biscuits imbibés. Couvrir avec une assiette et poser un poids dessus. Réserver 5 heures minimum au réfrigérateur.

6- Juste avant de servir, concasser les sucettes. Dans une casserole, les faire fondre jusqu'à obtenir un coulis épais mais encore liquide.

7- Démouler la charlotte puis la napper du coulis aux sucettes.

ASSORTED

COOKIES AUX ÉCLATS DE CHUPA CHUPS®

20 MIN DE PRÉPARATION – 7 À 10 MIN DE CUISSON

POUR 6 À 8 COOKIES

4 Chupa Chups®
goût cacao vanille

110 g de beurre demi-sel,
mou

75 g de sucre en poudre

2 œufs

180 g de farine

½ cuillerée à café
de levure chimique

75 g d'amandes grillées,
concassées

1- Préchauffer le four à 190 °C.

2- Concasser les sucettes.

3- Dans un saladier, battre le beurre et le sucre jusqu'à ce que le mélange devienne blanc et mousseux. Ajouter les œufs, un à un, puis la farine tamisée avec la levure. Incorporer les éclats de sucette et les amandes concassées.

4- Sur la plaque de four préalablement garnie de papier sulfurisé, déposer des petits tas de pâte bien espacés et les plus réguliers possibles. Enfourner et laisser cuire 7 à 10 minutes selon l'épaisseur des cookies.

Astuce : pour préparer la pâte à cookie à l'avance, former la pâte en boudin. Filmer en serrant bien et réserver au réfrigérateur ou au congélateur. Couper en rondelles et les disposer sur la plaque du four.

SABLÉS PASTEL

35 MIN DE PRÉPARATION – 7 À 10 MIN DE CUISSON – 30 MIN DE RÉFRIGÉRATION

POUR 1 VINGTAINE DE SABLÉS

20 Chupa Chups®

30 g de sucre en poudre

½ cuillerée à café de levure chimique

125 g de farine

1 jaune d'œuf

60 g de beurre demi-sel mou

le zeste et le jus de ½ citron

200 g de sucre glace

colorants alimentaires (facultatif)

1- Réduire les sucettes en poudre.

2- Dans un saladier, mélanger la moitié des sucettes en poudre, le sucre, la levure et la farine. Ajouter le jaune d'œuf, le beurre mou et le zeste de citron finement haché. Former la pâte en boule. Réserver 30 minutes minimum au réfrigérateur.

3- Préchauffer le four à 180 °C.

4- Sur le plan de travail fariné, étaler la pâte sur une épaisseur de 4 à 5 mm. Découper des ronds à l'emporte-pièce.

5- Sur la plaque du four préalablement garnie de papier sulfurisé, disposer les sablés. Enfourner et laisser cuire 7 à 10 minutes. Laisser refroidir.

6- Dans un bol, mélanger le sucre glace avec 1 ou 2 cuillerées de jus de citron et un petit peu d'eau jusqu'à obtenir un mélange un peu crémeux, mais pas trop liquide. Répartir le glaçage dans plusieurs bols puis verser 1 petite goutte de colorant dans chacun. Remuer.

7- Recouvrir les sablés de glaçage puis les saupoudrer du restant de sucettes en poudre.

MANTECAOS

20 MIN DE PRÉPARATION – 10 MIN DE CUISSON

POUR 1 QUINZAINE DE GÂTEAUX

10 Chupa Chups® goût orange

200 g de farine

100 g d'huile végétale

50 g de sucre en poudre

1- Préchauffer le four à 180 °C.

2- Réduire les sucettes en poudre.

3- Dans un saladier, mélanger la farine, l'huile, le sucre et les sucettes en poudre. Former une pâte.

4- Sur la plaque du four préalablement garnie de papier sulfurisé, déposer des petites boules de pâte. Les aplatir très légèrement. Enfourner et laisser cuire 10 minutes : les sablés doivent rester très friables et très pâles. Laisser refroidir avant de les déguster.

Note : les mantecaos ou mantecados sont des sablés espagnols traditionnels très fondants et friables. Ceux-ci en sont une adaptation, clin d'oeil aux origines espagnoles de Chupa Chups®.

TARTELETTES AUX POMMES

30 MIN DE PRÉPARATION – 30 MIN DE CUISSON – 30 MIN DE RÉFRIGÉRATION

POUR 4 TARTELETTES

LA PÂTE

100 g de beurre

200 g de farine

1 pincée de sel

LA GARNITURE

6 pommes

le jus de 1 citron

4 Chupa Chups® goût pomme

30 g de beurre mou

30 g de poudre d'amandes

2 cuillerées à soupe de crème fraîche

15 g de sucre en poudre

1- Dans un saladier, mettre le beurre coupé en morceaux, la farine et le sel. Travailler du bout des doigts pour obtenir des miettes puis verser 3 cuillerées à soupe d'eau bien froide. Utiliser un couteau à bout rond pour mélanger. Rassembler la pâte à la main, sans trop la travailler. Couvrir de film plastique et réserver 30 minutes minimum au réfrigérateur.
2- Éplucher et couper les pommes en fines tranches. Les recouvrir de jus de citron pour éviter qu'elles noircissent.
3- Concasser les sucettes puis en réserver un tiers pour la décoration.
4- Dans un bol, mélanger le beurre mou, la poudre d'amandes, la crème fraîche et le sucre. Réserver au réfrigérateur.
5- Préchauffer le four à 190 °C.
6- Sur le plan de travail, étaler la pâte finement puis découper des ronds à l'aide d'un emporte-pièce.
7- Sur la plaque du four préalablement garnie de papier sulfurisé, disposer les ronds de pâte. Répartir sur chaque rond de pâte la crème d'amandes puis disposer les tranches de pomme. Saupoudrer d'éclats de sucette. Enfourner et laisser cuire 30 minutes. Parsemer les éclats de sucette restants avant de servir.

PETITS GÂTEAUX À L'ORANGE

25 MIN DE PRÉPARATION – 25 MIN DE CUISSON

POUR 6 GÂTEAUX

80 g de beurre mou

90 g de sucre en poudre

2 œufs

120 g de farine

1 cuillerée à café de levure chimique

le zeste et le jus de 1 orange

LE GLAÇAGE

7 ou 8 Chupa Chups® goût orange

250 g de mascarpone

1- Préchauffer le four à 180 °C.

2- Dans un saladier, fouetter le beurre et le sucre jusqu'à ce que le mélange devienne blanc et mousseux. Ajouter les œufs, un à un, la farine et la levure tamisées ensemble ainsi que le zeste finement râpé et le jus de l'orange.

3- Verser dans des moules à muffin préalablement beurrés et farinés. Enfourner et laisser cuire 25 minutes.

4- Préparer le glaçage : réduire les sucettes en poudre. Les mélanger avec le mascarpone et bien le battre pour le lisser.

5- Mettre le glaçage dans une poche à douille et en recouvrir les muffins avant de servir.

Chupa Chups
Chupa Chups

RENVERSÉS À L'ANANAS & CARAMEL DE CERISE

25 MIN DE PRÉPARATION – 20 À 25 MIN DE CUISSON

POUR 5 GÂTEAUX

4 Chupa Chups® goût cerise

100 g de beurre très mou

5 tranches d'ananas (frais ou en boîte)

75 g de sucre en poudre

100 g de farine

1 cuillerée à café de levure chimique

2 œufs

5 Chupa Chups® mini acide goût cerise ou orange

1- Préchauffer le four à 180 °C.

2- Concasser les 4 sucettes. Dans une petite casserole, les faire chauffer avec 30 g de beurre jusqu'à obtenir un caramel ambré.

3- Dans 5 petits moules ronds préalablement beurrés, mettre 1 tranche d'ananas et recouvrir de caramel.

4- Dans un saladier, battre le sucre, les œufs et le beurre restant. Ajouter la farine et la levure.

5- Verser la pâte sur chaque tranche d'ananas. Enfourner et laisser cuire 20 à 25 minutes. Démouler les gâteaux et décorer avec les mini sucettes.

CROUSTILLANTS AUX ÉCLATS DE CHUPA CHUPS®

20 MIN DE PRÉPARATION – 30 MIN DE CUISSON

POUR 10 CROUSTILLANTS

10 feuilles de brick

6 pommes

1 pincée de cannelle

2 cuillerées à café de sucre en poudre

50 g de beurre fondu

5 Chupa Chups® goût caramel

1- Éplucher et couper les pommes en quartiers.
2- Dans une casserole, faire cuire les pommes avec un peu d'eau, la cannelle et le sucre. Laisser cuire à feu doux puis mixer en compote lisse.
3- Préchauffer le four à 190 °C.
4- Étaler les feuilles de brick. À l'aide d'un pinceau, badigeonner de beurre chaque feuille. Étaler de la compote sur chaque moitié de feuille puis la rouler en serrant. Les disposer sur la plaque du four préalablement garnie de papier cuisson.
5- Concasser les sucettes et en saupoudrer les croutillants. Enfourner et laisser cuire 15 minutes environ : les croustillants doivent être bien dorés.

Chupa Chups

GÂTEAU D'ANNIVERSAIRE

45 MIN DE PRÉPARATION – 15 MIN DE CUISSON

POUR 10 PERSONNES

12 œufs

300 g de sucre en poudre

300 g de farine

1 cuillerée à café de levure chimique

500 g de mascarpone

20 Chupa Chups® de 4 goûts différents

colorants alimentaires (facultatif)

20 cl de lait

extrait de vanille

1- Préchauffer le four à 180 °C.

2- Séparer les blancs des jaunes d'œufs.

3- Battre les blancs d'œufs en neige.

4- Fouetter les jaunes avec le sucre jusqu'à ce que le mélange devienne blanc et mousseux. Ajouter la farine et la levure tamisées puis incorporer délicatement les blancs en neige.

5- Répartir la pâte dans plusieurs bols selon les différents colorants utilisés. Ajouter 1 goutte de colorant dans chaque bol puis mélanger délicatement.

6- Étaler chaque pâte sur une plaque du four préalablement garnie de papier sulfurisé beurré. Enfourner et laisser cuire 15 minutes. Retirer le papier sulfurisé et découper des ronds de génoise en suivant les contours d'une assiette.

7- Réduire 15 sucettes en poudre, en séparant les parfums.

8- Assouplir le mascarpone à l'aide d'une spatule puis le répartir dans les 4 poudres de sucette.

9- Mélanger le lait avec un peu d'extrait de vanille.

10- Monter le gâteau : imbiber 1 rond de génoise avec un peu de lait vanillé puis recouvrir de crème. Répéter l'opération jusqu'à épuisement des ingrédients. Terminer par 1 rond de génoise. Bien lisser les bords du gâteau à la spatule.

11- Au moment de servir, saupoudrer le dessus de sucre glace et parsemer d'éclats des sucette restantes sur les côtés.

GÂTEAU ROULÉ

30 MIN DE PRÉPARATION – 15 MIN DE CUISSON

POUR 6 PERSONNES

4 œufs

100 g de sucre en poudre

100 g de farine

2 cuillerées à soupe de cacao en poudre

½ cuillerée à café de levure chimique

5 Chupa Chups® goût cerise

30 cl de crème liquide entière

5 mini Chupa Chups® goût cerise pour la décoration

beurre

1- Préchauffer le four à 180 °C.

2- Séparer les blancs des jaunes d'œufs.

3- Fouetter les jaunes avec le sucre jusqu'à ce que le mélange devienne blanc et mousseux.

4- Battre les blancs d'œufs en neige.

5- Tamiser la farine avec la moitié du cacao et la levure. Mélanger avec les jaunes d'œufs puis incorporer délicatement les blancs en neige.

6- Étaler le mélange sur la plaque du four préalablement garnie de papier sulfurisé beurré. Enfourner et laisser cuire 15 minutes. Décoller le papier sulfurisé puis recouvrir d'un torchon humide.

7- Réduire les sucettes en poudre fine. En réserver un peu pour la décoration.

8- Monter la crème liquide en chantilly puis incorporer délicatement les sucettes en poudre et le cacao restant.

9- Étaler la chantilly sur la génoise. Rouler délicatement le gâteau sur lui-même puis le saupoudrer de poudre de sucettes. Décorer avec les mini sucettes.

mini

GÂTEAU LOGO

30 MIN DE PRÉPARATION – 35 MIN DE CUISSON

POUR 8 PERSONNES

250 g de beurre

250 g de sucre en poudre

4 œufs

le zeste de 1 citron

100 g de farine

75 g de poudre d'amandes

7 ou 8 Chupa Chups® goût fraise

125 g de mascarpone

125 g de fraises

50 g de pâte d'amandes jaune

1- Préchauffer le four à 180 °C.

2- Dans un saladier, fouetter le beurre et le sucre jusqu'à ce que le mélange devienne blanc et mousseux. Ajouter délicatement les œufs, un à un, puis le zeste du citron finement râpé puis la farine tamisée et la poudre d'amandes. Mélanger.

3- Beurrer un moule rond de 20 à 23 cm de diamètre et garnir le fond de papier sulfurisé. Verser la pâte. Enfourner et laisser cuire 35 minutes. Vérifier la cuisson avec la pointe du couteau : elle doit ressortir sèche. Démouler et laisser refroidir sur la grille.

4- Réduire les sucettes en poudre fine. En réserver un peu pour la décoration.

5- Mélanger le mascarpone avec les sucettes en poudre.

6- Équeuter les fraises et les couper en tranches. En mixer quelques-unes et mélanger ce coulis avec la crème.

7- Étaler la pâte d'amandes puis la découper en forme de marguerite.

8- Couper le gâteau en deux dans la hauteur, le garnir de crème et de fraises. Poser la marguerite dessus et saupoudrer du reste de poudre de sucettes.

Note : un clin d'oeil aux couleurs de Chupa Chups® et au logo marguerite créé en 1969 par Salvador Dali.

Chupa Chups
Chupa Chups

PÉTILLANT DE FRAISE

5 MIN DE PRÉPARATION

1- Dans 2 verres, verser le sirop puis compléter avec la boisson pétillante. Ajouter 1 fraise sur le bord du verre puis touiller avec la sucette et attendre quelques instants avant de déguster..

POUR 2 PERSONNES

1 cuillerée à café de sirop d'orgeat

40 cl de boisson pétillante à la fraise (sans alcool, pour les enfants), bien fraîche

2 fraises

2 Chupa Chups®
goût fraise

VIRGIN MOJITO

10 MIN DE PRÉPARATION

1- Laver et effeuiller la menthe.
2- Mixer les glaçons avec le zeste de citron finement râpé, les feuilles de menthe et un peu de sucre.
3- Verser dans 2 verres, compléter avec l'eau gazeuse puis touiller avec les sucettes et attendre quelques instants avant de déguster..

POUR 2 PERSONNES

2 feuilles de menthe
1 petit verre de glaçons
le zeste de 1 citron vert
sucre en poudre
30 cl d'eau gazeuse
2 Chupa Chups®
goût pastèque

PAMPLEMOUSSE GIVRÉ & SUCRE DE POMME

10 MIN DE PRÉPARATION

POUR 2 PERSONNES

4 Chupa Chups® goût pomme

1 bonne pincée de sel

2 cuillerées à soupe de sucre en poudre

3 oranges

1 pamplemousse

33 cl de tonic (type Schweppes®)

glaçons

1- Réduire les sucettes en poudre. Les mélanger avec le sucre et le sel. Réserver.

2- Râper finement 1 pincée de zeste d'une orange et du pamplemousse.

3- Presser le jus des agrumes.

4- Mixer le jus avec les zestes et quelques glaçons.

5- Tremper le haut de chaque verre dans un bol d'eau puis dans les sucettes en poudre. Verser le jus dans les verres puis compléter avec le tonic.

Chupa

LIMONADE MAISON AUX AGRUMES

10 MIN DE PRÉPARATION

POUR 2 PERSONNES

1 orange

1 pamplemousse

1 citron

4 Chupa Chups®
goût cola

40 cl d'eau gazeuse

sucre en poudre

1 verre de glaçons

1 dé de gingembre (facultatif)

1- Râper finement 1 cuillerée à café de zeste d'orange et de citron. À l'aide d'un économe, prélever le reste des zestes des agrumes en larges bandes.

2- Presser le jus du citron.

3- Mixer le jus du citron, les zestes râpés, les glaçons, le gingembre et 2 sucettes. Verser dans chaque verre puis ajouter les bandes de zeste et compléter avec l'eau gazeuse. Remuer et goûter, sucrer si nécessaire.

4- Touiller avec les sucettes et attendre quelques instants avant de déguster.

VRAI FAUX COCKTAIL

5 MIN DE PRÉPARATION

POUR 2 PERSONNES

1 tranche d'ananas frais ou en boîte (facultatif)

le zeste et le jus de 1 citron

1 verre de glaçons

33 cl de ginger ale (type Canada dry®) ou ginger beer (goût plus marqué, dans les épiceries exotiques)

2 Chupa Chups® goût orange et/ou citron

1 - Mixer l'ananas, le zeste et un peu de jus de citron et les glaçons. Verser dans 2 verres puis compléter avec le ginger ale. Touiller avec les sucettes et attendre quelques instants avant de déguster.

Chups
The INTERNATIONAL Lollipop!!
CHUPA Chups
SWEET AND TASTY
CHUPA Chups
SOLD HERE
DELICIOSOS SABORES
CHUPA Chups
EAT MORE C
Chups
Chups
Swee
to
ONLY IPTA
nuevo
CHUPA Chups
SABOR MANZANA AL HORNO
CHUPA Chups®
SABOR DE MANZANA AL HORNO
FIFTY FIVE FABULOUS FLAVOURS
CHUPA Chups
CHUPA Chups
1 pta.
hupa Chups
EL CARAMELO QUE LLENA LA BO
...DE MAS SATISFACCION!
Choose Your Flavo
CHUPA Chups
MELODY POPS
CHUPA Chups